Recetas de
CARNES
con sabor inglés

Selección de las mejores recetas
de la cocina británica

Diana Baker

Copyright © 2016 Diana Baker

Copyright © 2016 Editorial Imagen.

Córdoba, Argentina
Editorialimagen.com

All rights reserved.
Edición Corregida y Revisada, Enero 2016

Todos los derechos reservados. Ninguna parte de este libro puede ser reproducida por cualquier medio (incluido electrónico, mecánico u otro, como ser fotocopia, grabación o cualquier sistema de almacenamiento o reproducción de información) sin el permiso escrito del autor, a excepción de porciones breves citadas con fines de revisión.

Todas las imágenes en este libro (portada y fotos interiores) son usadas con permiso de: Avlxyz, Jules Stonesoup, Sam Catch, Pink Sherbet Photography, Jeffrey W, wEnDaLicious, Luca Nebuloni, Gonmi, K Food Addict, Naotakem, Dolldalera, Charles Haynes, Arnold Inuyaki, Dan Zen.

.

CATEGORÍA: Recetas de Cocina

Impreso en los Estados Unidos de América

ISBN-13:
ISBN-10:

ÍNDICE

INTRODUCCIÓN 1

CARNES – ALGUNOS TIPS 3

BRAISING 5

GRILLING – ASADO A LA PARRILLA 7

TIEMPO NECESARIO PARA COCINAR ASADO AL HORNO 9

CARNES ASADAS 11

RECETAS DE CARNES 15

    CARNE A LA CACEROLA 17
    FILETES DE LOMO A LA PASTA DE ANCHOA 18
    MIXED GRILL – BROCHETAS 19
    MEDALLONES DE LOMO A LA MAÎTRE D'HÔTEL 21
    CARNE A LA CACEROLA A LA AMERICANA 22
    FILETES A LA PORTUGUESA 24
    COSTILLAS DE CERDO RELLENAS 25
    COSTILLAS DE CORDERO 26
    RIÑONES AL VINO 28
    PARA SANCOCHAR MOLLEJAS 29
    ARROLLADOS DE MOLLEJA Y JAMÓN 30
    LENGUAS DE CORDERO 31
    LENGUA PRENSADA 32
    PAN DE CARNE 33
    ARROLLADO DE CARNE Y JAMÓN 35
    GUISO DE LIEBRE 36
    ESTOFADO PARAGUAYO 38
    CAZUELA DE CONEJO 39
    CAZUELA DE JAMÓN 41
    CAZUELA DE JAMÓN Y CHOCLO 42
    GUISO HÚNGARO 43
    CARNERO CON HUEVOS REVUELTOS 44
    SALPICÓN DE CARNE 46
    SHEPHERD'S PIE – PASTEL DE PATATAS 47

- Toad-In-The-Hole 49
- Toad-In-The-Hole II 51
- Mondongo 52
- Mondongo II 53
- Canelones a La Rossini 54
- Babotee – Un plato hindú 56
- Budín de Sesos 57
- Tortitas de Sesos 59
- Sesos a la Cacerola 60
- Chorizos 61
- Chorizos Cambridge 62
- Mock Goose – Imitación de Ganso 64
- Chorizos al Horno con Puré de Batatas 65
- Sausage Mould – Pan de Chorizo 66
- Chorizo Frito con Manzanas 67

PARA ACOMPAÑAR LAS CARNES 69
- Dumplings 71
- Yorkshire Pudding 72

AVES Y CAZA 75
- Cocción de Pollo Asado 77
- Cocción de Aves Grandes 78
- Pollo Hervido 79
- Pavo Asado 80
- Pato Asado 81
- Ganso Asado 83
- Devilled Turkey Legs - Patas de Pavo 86
- Pollo al Curry 88
- Pollo Frito 89
- Pollo Maryland 90
- Soufflé de Pollo 92
- Hígado de Aves Salteados 93
- Perdices 94
- Perdices a la Cacerola 95
- Perdices en Escabeche 96
- Perdices en Escabeche – II 97
- Faisán Asado 98

RELLENOS **99**

    Relleno para Carne 101

    Un Relleno Exquisito 102

    Relleno para Aves 103

    Un Buen Relleno para Aves 104

    Relleno para Pato 105

    Relleno para Ganso 106

VERDURAS RELLENAS **107**

    Ajíes Rellenos con Carne 109

    Repollo Relleno 110

GELATINAS **113**

    Gelatina para Áspic 115

    Áspic de Pollo 116

    Galantina 117

    Gelatina de Ternera 119

    Gelatina de Cabeza de Carnero 120

TARTAS **121**

    Una Receta para Masa de Hojaldre 123

    Una Receta para Masa Shortcrust 125

    Steak and Kidney Pie Tarta de Carne y Riñones 126

    Budín de Carne y Riñón 128

    Budín de Carne al Horno 129

    Tarta de Perdices o Paloma 130

    Braised Pie – Tarta Braised 131

    Empanadas a la Criolla 133

    Empanadas al Horno 136

    Arrolladitos de Salchichas 137

SALSAS **139**

    Para Dar Color a Salsas y Sopas 141

    Gravy – Salsa Dorada de Carne 142

    Salsa de Tuco para las Pastas 143

    Mantequilla a la Maître d'Hôtel 144

    Salsa Blanca 145

    Salsa de Menta 146

    Salsa de Queso 147

Salsa de Hongos	148
Salsa Blanca de Hongos	149
Salsa de Huevo	150
Salsa de Manzana	151
Salsa de Pan	152
Salsa de Rábano	153
Salsa Tipo Worcestershire	154
MÁS LIBROS DE INTERÉS	**157**

Introducción

Bienvenido a este recetario de carnes. En muchas naciones la carne es la protagonista en la mayoría de los platos típicos. Y en muchos lugares la carne no supone un plato especial sino que es el menú de todos los días y la mayor fuente de proteínas para la salud del cuerpo.

La cocina británica emplea una gran variedad de carnes. En este libro de recetas, damos los detalles de cómo se cocinan las diferentes carnes como también recetas de aves y caza – rellenos para la carne – salsas para la carne – tartas con carne -acompañamientos para la carne y, además, recetas de carne con gelatina.

Hoy en día el tiempo es oro y se desea todo de manera rápida. Por ello estoy segura que disfrutarás estas recetas sencillas y fáciles de realizar. También encontrarás que los ingredientes son nada complicados.

Una Referencia

El término papel manteca hace referencia a un papel engrasado que se usa en bollería, para evitar que se pegue en los moldes. Este tipo de papel se usa al hacer magdalenas, mantecados, sobaos y demás. Siempre que queremos comer uno de estos, tenemos que quitar el papel graso que los envuelve.

También se lo conoce como papel parafinado, papel para horno, papel vegetal o papel encerado.

Carnes – algunos Tips

- La carne se pone más tierna si está bien oreada.

- Cuando la carne es dura, se mejora frotándola con un poco de limón o vinagre. También se puede agregar al agua una cucharada de postre de jugo de limón al agua en que se va a hervir. Si se va a cocinar la carne al horno, asada etc., se le exprime encima el jugo de limón.

- Para que el hígado no se endurezca y evitar su sabor fuerte, sumergir los filetes de hígado en un bol con suficiente leche para cubrir todo. Dejar unos 30 minutos.

- Para cocinar la carne al horno, frotarla con harina a lo que se la ha agregado sal y pimienta y cocinar primero en horno de temperatura elevada hasta que se dore y entonces reducir el calor y dejar que la carne termine de cocinarse a temperatura moderada. Cocinar con abundante grasa, poniendo un poco también sobre la carne, pero nunca debe ponerse agua.

- Se puede variar el menú, rellenando la carne con algunos de los rellenos que mencionamos en este libro.

Braising

El método de braising es en realidad un estofado al horno, o sea, se hierve y también se hornea.

- Se debe emplear una cacerola de buen cierre.

- Para darle sabor a la carne y evitar que se seque, se cocina la carne encima de una camada de verduras.

Grilling – Asado a la Parrilla

1. Elegir una carne que sea de buena calidad

2. Los filetes, las costillas etc. deben tener de 3 a 4 cms de grosor.

3. Pasar sobre la carne un poco de mantequilla o aceite.

4. Para que los filetes o costillas resulten más tiernos se remojan con un poco de aceite por una hora antes de cocinar. Otro método es batir los filetes con una cuchara de madera o con un rodillo antes de cocinar.

5. La parrilla debe ser calentada al rojo.

6. Dorar la carne por un lado y después darla vuelta, cuidando de no pincharla.

- Atenuar un poco el calor y dar vuelta una o dos veces hasta que esté cocido a punto.

- Un filete de 3 cms de grosor toma para asarse de 10 a 15 minutos.

- El lomo de carnero toma de 8 a 10 minutos.

- Las costillas toman unos 8 minutos.

- La carne asada puede servirse con mantequilla a la Maître d'Hôtel (ver receta).

Tiempo Necesario para Cocinar Asado al Horno

- Debe calcularse de 15 a 20 minutos para cada ½ kilo de carne más otros 15 minutos.

- Los trozos de carne pequeños llevan en proporción más tiempo que los grandes.

- La carne de cerdo o ternera, cuando se deshuesa, rellena o arrolla, tarda más tiempo en cocinar que la de vaca o carnero.

- Si se desea cocinar la carne durante un tiempo más largo, debe hacerse a temperatura suave.

- Es importante recordar que el asado debe empezar a cocinarse a temperatura caliente y se debe atenuar el calor a medida que se va cocinando.

Carnes Asadas

Cordero Asado

- Para asar una pierna de cordero de 2½ kilos cocinar al horno por 1½ horas.

- Servir con salsa de menta (ver receta) y acompañar con arvejas o coliflor.

Cerdo Asado

- Para asar una pierna de cerdo de 4 kilos cocinar al horno, más o menos por 3 horas. Un trozo de costillas de 2½ kilos cocinar por 2 horas.

- Servir con salsa de manzanas, y se puede servir también con unas bolitas hechas de salvia y cebollas.

- La carne de cerdo debe cocinarse con la grasa hacia

arriba. Cocinar en horno moderado.

Carnero Asado

- Para asar una pierna de carnero de 5 kilos cocinar al horno por 2¾ horas. Si pesara 3¼ kilos cocinar por 2 horas.

- Se puede servir con jalea de grosellas rojas.

Asado de Ternera

- Para asar un trozo de lomo de ternera de 3 kilos cocinar al horno por 1¾ horas.

- Decorar con rodajas de limón y pequeñas albóndigas hechas de relleno para carnes (ver receta).

- Servir con jamón o cerdo hervido.

Asado de Vaca

- Para asar un trozo de vaca de 5 kilos cocinar al horno por 2½ horas. Un trozo de 7 kilos se debe cocinar de 3 a 3½ horas.

- Servir con salsa de rábano (ver receta) y acompañar con un budín Yorkshire (ver receta).

Lechón y Pato

- El lechón, lo mismo que el pato, se rellena con salvia y cebollas.

- Para asar al horno se cocina a calor moderado, calculando 20 minutos por cada medio kilo.

Recetas de Carnes

Carne a la Cacerola

1 kilo de costillas de ternera en un solo trozo
6 patatas medianas
4 cebollas chicas
2 ajíes verdes
Sal y pimienta
Aceite o grasa

Poner en una cacerola de hierro un poco de aceite, calentar a fuego vivo y dorar por todos los lados la carne que se había condimentado previamente.

Colocar alrededor, las patatas, las cebollas y ajíes y dejar dorar un poco.

Entonces tapar la cacerola y dejar cocinar muy lentamente por 1½ horas, más o menos, dando vuelta solamente dos o tres veces, cuidando de no pinchar la carne.

Es importante que se cocine muy lentamente.

Filetes de Lomo a la Pasta de Anchoa

4 filetes de lomo
6 filetes de anchoa
4 rodajas de limón
4 rebanadas de pan
50 g mantequilla y algo más para freír
Sal y pimienta

Sacar la grasa y piel de los filetes. Darle forma redonda y condimentar con sal y pimienta.

Freírlos en mantequilla.

Cortar 4 rebanadas de pan dándole forma redonda, tostarlas ligeramente y después freírlas en mantequilla.

Pisar bien las anchoas hasta que estén deshechas.

Ablandar la mantequilla, agregar las anchoas y unir.

Colocar en una fuente el pan frito, encima los filetes y encima de ellos una cucharada de pasta de anchoas sobre una rodaja de limón.

Servir con patatas fritas.

Mixed Grill – Brochetas

La receta es suficiente para 6 o 7 brochetas.
½ kilo de lomo
4 riñones de cordero
½ kilo de chorizos de cerdo
250 g panceta ahumada
8 tomates

Limpiar bien los riñones y cortar cada uno en tres trozos.

Cortar el lomo y la panceta en cuadritos, los chorizos en trozos de unos 5 cms y los tomates por la mitad.

Ensartar en una brocheta un trozo de tomate, después un trozo de cada uno: lomo, riñón, panceta, chorizo hasta llenar la brocheta, terminando con un trozo de tomate.

Cocinar sobre la parrilla, o en una asadera engrasada, cubierta con un papel manteca en horno moderado.

Se pueden usar como brochetas agujas de tejer niqueladas, con puntas de los dos lados.

Medallones de Lomo
a la Maître d'Hôtel

4 filetes
2 cucharadas de mantequilla
½ cucharada de jugo de limón
2 rodajas de limón
½ cucharada de perejil picado muy fino
Sal, pimienta y mantequilla para freír

Sacar la grasa y piel de los filetes dándoles una forma redonda.

Condimentar con sal y pimienta y freír en mantequilla caliente dorándolos de ambos lados.

Colocarlos en una fuente, poner encima de cada bife una cucharada de mantequilla a la Maître d'Hôtel, sobre una rodaja de limón.

Servir con patatas fritas y chauchas (judías verdes) salteadas en mantequilla.

Mantequilla a la Maître d'Hôtel:

Poner la mantequilla en una taza y batir hasta que se ablande, agregar el jugo de limón, sal y perejil picado y seguir batiendo hasta que esté bien cremosa.

Carne a la Cacerola a la Americana

1 kilo o 1½ kilos de vacío de vaca

Poner la carne sin grasa y sin agua, en una cacerola que tenga una tapa de buen ajuste. Cocinar a fuego muy lento.

Después de ½ hora dar vuelta la carne y volver a tapar la cacerola. Dejarlo cocinar en su mismo vapor a fuego muy lento, por unas 2½ horas.

Poner las patatas 45 minutos antes de que la carne esté cocida.

Servir como de costumbre con verduras y gravy – una salsa espesa hecha con los jugos de la carne.

Nota:

El vacío cocinado de esta manera queda tan tierno como

las costillas.

Gravy:

Es una salsa sabrosa hecha de los jugos de la carne que quedan en la asadera después de asar o freír.

Generalmente se quita cualquier exceso de grasa. Entonces se agrega un caldo o vino y se bate bien para incorporarlo a los jugos de cocción.

Se puede agregar harina para que resulte más espeso. En tal caso se agrega a la grasa y se dora en la asadera por unos minutos antes de agregar el caldo.

Filetes a la Portuguesa

6 filetes de lomo
2 cebollas medianas, cortadas
2 ajíes verdes, cortados y sin semillas
½ kilo de tomates maduros, cortados y pelados
Aceite
1 o 2 cucharadas de azúcar
Sal al gusto

Poner en una sartén media taza de aceite y dorar las cebollas y ajíes.

Pasar a una cacerola, agregar los tomates, el azúcar y sal a gusto. Dejar cocinar lentamente de 1 a 1½ horas hasta que se espese.

Condimentar los filetes y freír con muy poco aceite.

Poner en una fuente, cubrir con la salsa y servir acompañado de puré de patatas.

Costillas de Cerdo Rellenas

Elegir unas costillas de grosor doble.

Hacer al costado un tajo de unos 3 cms. Introducir el dedo y hacer un hueco que se rellenará con la siguiente preparación:

Miga de pan remojada en agua caliente, mezclado con cebolla picada

Un poco de salvia

Sal y pimienta.

Cerrar la abertura sujetándola con un palillo y cocinar al horno.

Costillas de Cordero

Costillas de cordero
3 cucharadas de salsa de tomate
Sal y pimienta al gusto
Un trozo de mantequilla envuelto en harina
Un poco de menta picada
1 cucharada de brandy
1 taza de gravy - salsa de carne

Dar buena forma a las costillas cocinadas y colocar en una asadera con un poco de menta picada y los demás ingredientes.

Cocinar entonces, en el horno por 12 minutos.

Servir con espárragos o compota de guindas en el centro de la fuente.

Gravy:

Es una salsa sabrosa hecha de los jugos de la carne que quedan en la asadera después de asar o freír.

Generalmente se quita cualquier exceso de grasa. Entonces se agrega un caldo o vino y se bate bien para incorporarlo a los jugos de cocción.

Se puede agregar harina para que resulte más espeso. En tal caso se agrega a la grasa y se dora en la asadera por unos minutos antes de agregar el caldo.

Riñones al Vino

Un riñón de vaca
30 g mantequilla
Una pizca de sal y un poco de pimienta
Un vaso de vino tinto

Hervir por unas horas el riñón, cambiándole varias veces el agua.

Poner entonces en una cacerola con un poco de agua, la sal, la mantequilla y la pimienta.

Dejar cocinar lentamente y agregar el vino. El vino puede substituirse por crema fresca.

Para Sancochar Mollejas

Mollejas
2 cucharadas de jugo de limón

Elegir las mollejas bien frescas porque se echan a perder muy fácilmente.

Ponerlas en agua fría por 1 hora, cambiándoles una vez el agua.

Escurrir, poner en una cacerola cubierta de agua hirviendo a la que se habrá agregado el jugo de limón.

Arrollados de Molleja y Jamón

1 molleja
1 taza de gravy - salsa de carne
6 rebanadas de pan frito
6 rebanadas de jamón cocido
Mantequilla

Dividir en 6 trozos, una molleja sancochada y freírla en un poco de mantequilla.

Envolver cada trozo en una rebanada de jamón, sujetándola con un palillo.

Colocar en una cacerola, verter encima un poco de gravy, taparla y hervir lentamente a temperatura suave hasta que estén tiernas.

Se sirven sobre tostadas.

Gravy:

Es una salsa sabrosa hecha de los jugos de la carne que quedan en la asadera después de asar o freír.

Generalmente se quita cualquier exceso de grasa. Entonces se agrega un caldo o vino y se bate bien para incorporarlo a los jugos de cocción.

Se puede agregar harina para que resulte más espeso. En tal caso se agrega a la grasa y se dora en la asadera por unos minutos antes de agregar el caldo.

Lenguas de Cordero

6 lenguas de cordero
Hervir lentamente las lenguas de cordero durante aproximadamente 1¼ horas.
Quitarles la piel blanca y preparar la siguiente salsa:
1 cebolla picada
Unas zanahorias cortadas
Unos tomates
Caldo
Fécula de maíz

Freír en un poco de aceite la cebolla, las zanahorias y tomates. Cuando tomen color agregar un poco de caldo.

Poner esta salsa a las lenguas y dejarlas cocinar lentamente hasta que estén tiernas.

Espesar la salsa con un poco de fécula de maíz.

Verter la salsa sobre las lenguas al servir y acompaña este plato con puré de patatas.

Lengua Prensada

Lavar bien una lengua de buen tamaño y frotar bien con los siguientes ingredientes mezclados:
1 cucharada de salmuera
2 cucharadas de sal
1 cucharada de azúcar moreno
1 cucharadita de pimienta

Cuando se haya frotado bien la lengua con estos ingredientes, cubrirla completamente con 2 cucharadas de sal gruesa y dejar así por unos 5 días.

Entonces lavar bien la lengua, cubrir con agua fría y dejar hervir hasta que esté tierna.

Sacarle entonces la piel y acomodarla en un recipiente redondo, donde entre la lengua bien justa.

Hacer un glasé con:

½ taza de caldo
2 hojas de gelatina

Verter encima. Poner un peso encima y dejar enfriar.

Pan de Carne

1 kilo de carnaza de vaca
2 taza de pan rallado
½ taza de gravy – una salsa de carne
2 huevos batidos bien
Un poco de nuez moscada, orégano y cebolla picada
Sal y pimienta al gusto

Picar la carne y mezclar con el pan rallado, el orégano, la nuez moscada y los condimentos.

Agregar ½ taza de gravy y los huevos. Poner en una budinera apretándolo. Tapar bien.

Colocar en una cacerola de agua hirviendo y cocinar lentamente a baño María por 1½ horas.

Dejar enfriar bien antes de desmoldar. Cortar en

rebanadas finas y servir con ensalada.

Gravy;

Es una salsa sabrosa hecha de los jugos de la carne que quedan en la asadera después de asar o freír.

Generalmente se quita cualquier exceso de grasa. Entonces se agrega un caldo o vino y se bate bien para incorporarlo a los jugos de cocción.

Se puede agregar harina para que resulte más espeso. En tal caso se agrega a la grasa y se dora en la asadera por unos minutos antes de agregar el caldo.

Arrollado de Carne y Jamón

½ kilo de carnaza picada
½ kilo de jamón picado
170 g de pan rallado
1/8 litro de caldo
1 huevo
Sal, pimienta y nuez moscada

Mezclar la carne, el jamón y el pan rallado y sazonar.

Agregar el huevo batido y añadir el caldo, mezclando bien.

Enrollar en una servilleta y atar las puntas firmemente.

Hervir de 2 a 2½ horas muy lentamente.

Dejar reposar con preferencia hasta el día siguiente, antes de cortarlo.

Guiso de Liebre

Una liebre
Mantequilla
Cebolla frita
Una pizca de clavo molido y canela
Caldo de carne
1 vaso grande de oporto

Cortar la liebre en presas. Poner en una cacerola un poco de mantequilla y dorar la liebre, friéndola ligeramente.

Agregar un poco de cebolla frita, el clavo molido, la canela y un poco de caldo de carne o agua. Cocinar al baño de María por unas 3 horas. Agregar entonces, el oporto.

La salsa se puede espesar con un poco de fécula de maíz

pero en ese caso se retira primero la liebre para que no hierva.

Se puede servir la liebre con unas albóndigas de carne molida. Servir acompañado de jalea de grosella roja.

Para las albóndigas:

84 g de pan rallado
1 cucharada de orégano picado
1 cucharada de perejil picado
56 g de grasa
1 huevo
La cáscara rallada de 1 limón
Sal y pimienta

Mezclar bien todos los ingredientes.

Estofado Paraguayo

Carne de lomo
1 cebolla
Perejil
Unos trozos de zapallo
Unos choclos (maíz) desgranados

Se pica la carne junto con los demás ingredientes.

Se calienta en una cacerola un poco de grasa o mantequilla y se le echa la carne y demás ingredientes picados.

Se condimenta a gusto y se revuelve bien.

Tapar la cacerola para que se cocine lentamente en su propio jugo.

Cazuela de Conejo

Un conejo
Unas cebollas cortadas en rebanada
Unos nabos cortados
Unas zanahorias cortadas
Un trozo de cerdo salado o panceta
Fécula de maíz

Lavar un conejo tierno y cortar en presas pequeñas. Dorar en mantequilla en una sartén.

Freír después las cebollas, los nabos y las zanahorias junto con el cerdo o panceta.

Sazonar y poner en una cacerola de barro cocido. Cubrir con agua y dejar cocinar lentamente hasta que esté tierno.

Espesar la salsa con un poco de fécula de maíz.

Nota:

Esta receta puede convertirse en pastel si se tapa con masa.

Cazuela de Jamón

½ kilo de jamón
½ kilo de patatas
2 manzanas cortadas
1 cebolla picada
1 cucharada de postre de azúcar morena
½ litro de caldo o agua
Sal y pimienta

Cortar el jamón en trozos y colocarlos en una cacerola.

Espolvorear con azúcar y cebolla.

Colocar encima las manzanas y las patatas cortadas en rebanadas y sazonar.

Verter encima el caldo o agua, tapar la cacerola y cocinar en el horno por 1½ horas.

Agregar un poco más de caldo mientras se cocina.

Destapar la cacerola un poco antes de servir para que se doren las patatas.

Cazuela de Jamón y Choclo

La receta es suficiente para 4 personas.
½ kilo de jamón cocido
1 lata de choclo (maíz) desgranados
2 tazas de salsa blanca
1 taza de pan rallado
6 huevos duros, cortados en rebanadas

Enrollar las rebanadas de jamón. Poner la mitad en el fondo de una cacerola.

Agregar la mitad de los choclos y la mitad de los huevos y verter encima una taza de salsa blanca.

Poner en la cacerola el resto del jamón, huevos, choclos y después la otra taza de salsa blanca.

Espolvorear con el pan rallado y poner en horno moderadamente caliente por 15 minutos, hasta que esté bien dorado.

Salsa Blanca:

2 cucharadas de harina
2 cucharadas de mantequilla
2 tazas de leche
Sal y pimienta al gusto

Derretir la mantequilla y agregar la harina revolviendo hasta que no tenga grumos.

Retirar del fuego y agregar gradualmente la leche.

Hervir unos minutos a fuego lento y servir.

Guiso Húngaro

10 o 12 costillas de cordero
1 kilo de cebolla
1 kilo de tomates
1 cucharada de mantequilla
Sal, pimienta, azúcar y salvia al gusto

Pelar y cortar en rebanadas las cebollas.

Pelar los tomates y cortar en trozos.

Poner en una cacerola la mantequilla y agregar las cebollas, las costillas, doradas de ambos lados, los tomates, la sal, la pimienta, el azúcar y la salvia a gusto.

Hervir lentamente por una hora y servir con puré de patatas.

Carnero con Huevos Revueltos

Carne de carnero
3 cucharadas de gravy – una salsa de carne
1 trozo de mantequilla
4 huevos
Sal y pimienta

Picar la carne fría que haya sobrado. Agregarle los demás ingredientes.

Poner la mezcla al fuego y cuando esté caliente agregar los huevos y condimentar a gusto.

Revolver hasta que se espese y servir sobre tostadas calientes untadas con mantequilla.

Gravy: es una salsa sabrosa hecha de los jugos de la carne que quedan en la asadera después de asar o freír.

Generalmente se quita cualquier exceso de grasa. Entonces se agrega un caldo o vino y se bate bien para incorporarlo a los jugos de cocción.

Se puede agregar harina para que resulte más espeso. En tal caso se agrega a la grasa y se dora en la asadera por unos minutos antes de agregar el caldo.

Salpicón de Carne

2 tazas de carne de ternera o cordero, etc.
1 taza de puntas de espárragos
1 taza de apio cortado en dados
1 lechuga
1 pepino
Las puntas de apio
Mayonesa

Mezclar la carne cortada en dados con el apio y mayonesa.

Acomodar en montoncitos en una fuente cubierta de lechuga.

Decorar con cascos de huevos duros, puntas de espárragos y apio y un copete de mayonesa.

Shepherd's Pie – Pastel de Patatas

Carne molida o cualquier sobra de carne
Sal, pimienta, nuez moscada al gusto
Pasas de uva (opcional)
Unas cebollas fritas
Patatas
Un trozo pequeño de mantequilla
Un poco de leche
1 huevo
Gravy - salsa de carne (ver receta)

Sazonar la carne y agregar unas cebollas fritas. Si desea, puede añadir algunas pasas de uva.

Preparar un puré de patatas con la mantequilla, la leche y el huevo y poner una camada en una fuente engrasada para horno.

Arriba de esto poner el picadillo de carne y agregar un poco de gravy. Cubrir con el resto de las patatas.

Poner al horno para que se dore.

Toad-In-The-Hole

1º Preparación:

350 g de carnaza de ternera picada
115 g de carnaza de cerdo picada
La miga de 1 barra de pan remojada y exprimida
2 cucharadas de queso rallado
1 huevo
½ cucharadita de nuez moscada rallada
Sal y pimienta al gusto

Mezclar todos los ingredientes muy bien. Dividir en 6 porciones y darles forma de salchichas gruesas.

2º Preparación:

Hacer una masa con:

2 huevos
1 taza de harina cernida
1 taza de leche
1 cucharadita de sal
2 cucharadas de grasa

Poner la grasa en un molde de 22 cms o en una asadera.

Calentar bien la grasa y verter la masa y acomodar en ésta los chorizos.

Cocinar en horno más bien caliente hasta que la masa esté bien dorada, de 45 minutos a 1 hora.

Toad-In-The-Hole II

6 chorizos
6 rebanadas de tocino
3 filetes o filetes de lomo
3 tomates medianos cortados por la mitad y pelados

Untar con abundante grasa de cerdo una asadera.

Colocar en la asadera los filetes cortados por la mitad, los tomates y los chorizos envueltos en una rebanada de panceta.

La masa:

¾ harina
2 huevos batidos
Sal y pimienta al gusto
Leche, lo necesario

Mezclar la harina, los huevos, los condimentos y suficiente leche para que la masa quede tan blanda como una masa para panqueques.

Cocinar en horno caliente hasta que la masa esté tostada.

Mondongo

Mondongo
Cebolla cortada en rodajas
Leche
Sal, pimienta y laurel

Limpiar el mondongo muy bien.

Cortarlo en tiritas y cocinar lentamente en leche junto con la cebolla.

Cuando esté tierno, espesar el líquido con un poco de harina mezclado con mantequilla derretida y la leche.

Sazonar con los condimentos.

Mondongo II

- Cocinar el mondongo hasta que esté tierno, dejar enfriar, y luego pasar por harina y freír.

Servir con cebollas fritas y hongos.

-También se puede servir como sopa, agregando zapallo rallado.

Canelones a La Rossini

1º Preparación:

Pollo cocinado frío
1 cebolla
1 cucharada de mantequilla
2 cucharadas de harina
1 tacita de leche
2 yemas
Sal, pimienta y nuez moscada

Picar la carne de pollo y agregarle sal, pimienta, nuez moscada y cebolla picada (previamente frita en mantequilla).

Hacer una salsa blanca espesa con la mantequilla, harina y leche. (Ver receta).

Dejar enfriar y agregar después las yemas, revolver bien y mezclar con el pollo.

2º Preparación:

Hacer una masa con:

2 tazas de harina
2 huevos
1 cucharada de aceite de oliva

Poner la harina en la mesa o tabla de amasar, hacer un hueco en el medio y agregar el resto de los ingredientes.

Humedecer la masa con un poco de agua salada y amasar por 15 minutos. Estirar y cortar en cuadrados de unos 10 cms y cocinarlos en agua hirviendo.

Una vez cocidos, escurrirlos, pasarlos ligeramente por agua fría y rellenarlos con la primera preparación, arrollarlos y acomodarlos en una fuente para horno y cubrirlos con la siguiente salsa:

3º Preparación:

½ kilo de carne picada
1 cebolla
2 zanahorias
Perejil picado
Salsa de tomate
Sal y pimienta

Dorar la carne picada en aceite o grasa junto con la cebolla y las zanahorias picadas. Agregar la sal, pimienta, un poco de salsa de tomate y perejil picado.

Verter sobre los canelones y calentar en el horno. Si se prefiere, pueden cubrirse los canelones con salsa blanca no muy espesa y queso rallado.

Babotee – Un plato hindú

250 g carne picada cruda o cocida
1 cebolla
56 g mantequilla
1 taza de elche
1 rebanada de pan
12 almendras o nueces
1 huevo
Polvo de curry al gusto

Freír la cebolla en mantequilla.

Remojar el pan en la leche.

Picar las almendras y batir el huevo con la mitad restante de la leche. Luego mezclar todo junto.

Agregar la carne, polvo curry y el resto de la manteca y un poco de jugo de limón.

Cocinar en una fuente engrasada en horno moderado.

Servir con arroz hervido.

Budín de Sesos

2 sesos de vaquillona
4 cucharadas de harina
2 tazas de miga de pan
4 cucharadas de mantequilla
1 cucharada de perejil
4 huevos
¼ limón
1 pizca de tomillo picado
¼ nuez moscada rallada
Una rebanada de cebolla
½ hoja de laurel
Sal y pimienta

Quitarle la membrana a los sesos. Remojarlos en agua fría hasta que queden blancos.

Ponerlos después en una cacerola cubiertos de agua, agregar la rebanada de cebolla, el laurel y la sal.

Dejar cocinar despacio por 30 minutos. Escurrir y picar finamente los sesos.

Remojar el pan en agua fría, exprimir bien y desmenuzar con un tenedor.

Preparar una panada con la mantequilla y harina. Cocinar por 10 minutos. Retirar del fuego y dejar enfriar un poco. Agregar las yemas de una a la vez y batiendo al agregar cada yema.

Agregar los sesos, el pan, el perejil el tomillo, los condimentos y por último las claras batidas a nieve.

Verter esta preparación en un molde engrasado. Colocar

éste en una asadera de agua caliente y cocinar en horno moderado hasta que se forme y tome color.

Servir con salsa de queso.

Salsa de Queso

25 g harina
25 g mantequilla
600 ml leche
1/4 cucharita de nuez moscada (opcional)
80 g de queso rallado (queso curado, Cheddar, Gouda, Gruyere)

Derretir la mantequilla en una cacerola. Agregar la harina y cocinar por 1 o 2 minutos.

Quitar la cacerola del fuego y agregar gradualmente la leche hasta que llegue a ser cremoso.

Volver a poner la cacerola sobre el fuego hasta que hierva, revolviendo todo el tiempo.

Entonces, reducir el fuego y dejar hervir lentamente por 8 a 10 minutos. Sazonar.

Agregar el queso y dejar que se derrite. No cocinar nuevamente.

Tortitas de Sesos

Seso de ternera
1 yema
Un poco de perejil picado
Un poco de nuez moscada
Un poco de ralladura de cáscara de limón
Sal al gusto

Cocinar los sesos en agua con sal.

Después batirlos bien con los condimentos y la yema.

Freír en manteca como pequeños panqueques hasta que se doren.

También se pueden echar dentro de masa francesa y freír.

Masa francesa:

3 cucharadas de harina
Una pizca de sal
Unas gotas de aceite de oliva
Agua tibia, lo necesario
2 claras batidas a nieve

Mezclar con agua tibia formando una masa muy liviana.

Se debe deslizar fácilmente de la cuchara.

Batir a nieve las claras y echarlas a la masa.

Sesos a la Cacerola

1 seso de vaca
Cebollas cortadas en rodajas
1 cucharada de grasa
Harina
1 cucharada de caldo
2 o 3 tomates cortados en rebanadas

Remojar en agua fría el seso para quitarle fácilmente la telita. Lavarlo bien y espolvorear con sal.

Cubrir bien el fondo de la cacerola con las cebollas cortadas en rodajas y agregar la grasa.

Tapar la cacerola y dejar cocinar las cebollas por unos minutos a fuego muy lento.

Entonces pasar por harina cada rebanada de seso y colocarlo sobre las cebollas, pero apartar de los costados de la cacerola.

Dejar cocinar en su mismo vapor, agregando cuando se consuma, el caldo.

Cuando los sesos estén firmes, agregar los tomates y dejarlos cocinar.

Durante todo el proceso de cocción no debe revolverse, pero si fuera necesario, puede removerse la cacerola.

Chorizos

2 ½ kilos de carne de vaca
5 kilos de carne de cerdo
140 g de sal
35 g de azúcar
10 g de salmuera
35 g de pimienta
7 g de comino
3 g de ajo

Picar la carne finamente y mezclar con los demás ingredientes.

Dejar reposar 48 horas.

Hacer los chorizos usando tripas de carnero.

Ahumar por 8 horas a 30º C y terminar de ahumar a temperatura elevada por 20 minutos.

Chorizos Cambridge

½ kilo de carnaza de cerdo, magro y con grasa
½ de carnaza magra de ternera
½ kilo de grasa de riñonada
250 g de pan rallado
1 nuez moscada
6 hojas de salvia
2 cucharaditas de sal
1 cucharadita de hierbas aromáticas secas
La ralladura de cáscara de limón
Tripa para envolver los chorizos

Picar finamente la carne y riñonada. Agregar revolviendo el pan rallado y ralladura de limón.

Agregar el resto de los ingredientes y mezclar bien.

Para hacer los chorizos usar un embudo a tal fin para meter la carne dentro de la tripa, pero si prefiere no usar este método, puede dársele la forma redonda del chorizo a mano y luego pasar por harina y freír.

En realidad son más ricas haciéndolas de esta manera.

Mock Goose – Imitación de Ganso

½ *kilo de chorizo (ver receta)*
Cebollas
Salvia picada
Sal y pimienta
Puré de patatas

Quitar la piel a los chorizos. Poner una capa de chorizo en un molde para pastel. Condimentar con cebolla, la salvia picada, la sal y la pimienta.

Cubrir con puré de patatas frío y después poner otra capa de chorizos y condimentos. Terminar con otra capa de patatas.

Cocinar al horno hasta que esté dorado y servir con salsa de manzanas.

Salsa de manzanas:

Pelar y sacar la parte dura del centro de una manzana grande y cocinar en suficiente agua para hacer una salsa.

Agregar:

Un trozo de cáscara de limón
2 clavos de olor
Un trozo de mantequilla
2 cucharadas de azúcar
Un poco de sal.

Se puede agregar un poco de mostaza si se desea.

Servir la salsa caliente.

Chorizos al Horno con Puré de Batatas

1/3 taza de chorizo cocinado
2 tazas de puré de batatas
½ cucharadita de mantequilla
1 huevo bien batido
½ cucharadita de salchichas
¼ taza de crema o leche gorda
1 cucharada de azúcar moreno

Cocinar las batatas y pisar hasta que no tengan grumos.

Agregar la mantequilla, la sal, el azúcar, el huevo y la crema.

Batir hasta que esté bien mezclado.

Agregar el chorizo y acomodar en una fuente de horno engrasada.

Cocinar en horno caliente de 20 a 30 minutos.

Servir con ensalada de lechuga.

Sausage Mould – Pan de Chorizo

½ kilo de chorizos
Algunos tomates picados
85 g de pan rallado
85 g carne molida cocida
Sal y pimienta
1 huevo batido
Un poco de caldo

Quite la piel a los chorizos y mezclar con los demás ingredientes.

Verter en un bol engrasado.

Cocinar a baño María por 2 horas o cocinar al horno por 1 hora.

Chorizo Frito con Manzanas

Manzanas
Chorizos
Grasa y mantequilla

Pelar las manzanas, quitar la parte dura del centro y cortar en rebanadas.

Derretir en una sartén un poco de grasa y cuando esté caliente, freír los chorizos previamente pinchados, por 10 minutos. Darles vuelta a menudo.

Las manzanas se pueden freír con los chorizos o por separado en mantequilla.

Para Acompañar las Carnes

Dumplings

Estas bolitas de harina son ideales para acompañar y hacer más sustancioso a los estofados, las cazuelas o los guisos.

2 tazas de harina
4 cucharaditas de polvo de hornear
1½ cucharaditas de sal
1 cucharada de grasa de riñonada o mantequilla
¾ taza de leche

Se pasa por el tamiz la harina, el polvo de hornear y la sal. Se une la grasa con la harina y se agrega la leche para hacer una masa blanda.

Se dejan caer por cucharaditas en el guiso hirviendo y se dejan cocer por 30 minutos.

Yorkshire Pudding

Este pan ligero es ideal para servir con roast beef (carne asada).

¾ taza de harina
1 taza de leche
1 huevo
1/8 cucharadita de sal

Cernir la harina y sal en un bol.

Romper el huevo en el centro y agregar la mitad de la leche.

Revolver con una cuchara de madera, formando una masa suave.

Batir bien para que no queden grumos.

Agregar gradualmente el resto de la leche.

Calentar en una asadera dos o tres cucharadas de grasa.

Cuando esté bien caliente, verter la masa.

Cocinar 40 minutos en horno caliente.

Aves y Caza

Cocción de Pollo Asado

- Cuando se cocinan aves al horno, deben colocarse con la pechuga hacia abajo.

- La carne resulta más blanca y tierna si se frota con jugo de limón o vinagre.

- Si se agrega un poco de vino blanco al cocinar las aves de caza, le da un sabor muy agradable.

- Los pollos jóvenes y tiernos quedan muy sabrosos si se les frota con ajo machacado y se les unta con bastante aceite de oliva. Se cocinan en horno caliente de 30 a 45 minutos, rociándolos frecuentemente con el aceite de la asadera.

También se puede emplear mantequilla.

Servir con alguna de las siguientes salsas:

- salsa de hongos

- salsa de pan

- salsa de castañas

- salsa de huevo

.

Cocción de Aves Grandes

- Cuando se cocinan aves al horno, deben colocarse con la pechuga hacia abajo.

- La carne resulta más blanca y tierna si se frota con jugo de limón o vinagre.

- Si se agrega un poco de vino blanco al cocinar las aves de caza, le da un sabor muy agradable.

- Para asar al horno un ave grande es necesario 1¼ horas de cocción. Un ave más pequeña requiere ente 45 minutos y 1 hora.

- Servir con gravy (salsa de carne) y salsa de pan (ver recetas).

- Se puede acompañar con chorizos, jamón, lengua, tocino o cerdo adobado.

Pollo Hervido

- Antes de poner el pollo en la cacerola poner sobre la pechuga del ave, unas rebanadas de limón. Envolver en un papel engrasado y después en una servilleta enharinada.

- Poner el ave en una olla con abundante agua y hacer hervir. Quitar cuidadosamente la espuma conforme se forme.

- Dejar cocinar muy lentamente, así quedará la carne más blanca.

- Cocinar un pollo tamaño grande durante $1\frac{1}{4}$ hora. Un pollo pequeño lleva más o menos 45 minutos.

- Se puede servir con salsa blanca, perejil y mantequilla, salsa bechamel, salsa de apio o salsa de hongos.

Pavo Asado

- Para asar un pavo de 7 kilos cocinar al horno más o menos 3½ horas.

- Un pavo de 5 kilos lleva aproximadamente 2½ horas.

- Un pavo pequeño de 3 kilos tarda aproximadamente unas 1¼ horas.

- El pavo debe cocinarse rodeado de tocino.

- A menudo se echa a perder por estar cocido de más y la parte de afuera de la carne queda dura.

- El pavo asado se puede servir con chorizos fritos. Estos, además de decorar el plato, sirven para dar mejor sabor.

- El pavo se puede rellenar con chorizo, o relleno de castañas o carne molida (ver receta).

- Servir con un buen gravy y jamón hervido o asado.

Gravy:

Es una salsa sabrosa hecha de los jugos de la carne que quedan en la asadera después de freír o asar. Generalmente se quita cualquier exceso de grasa. Entonces se agrega un caldo o vino y se bate bien para incorporarlo a los jugos de cocción. Se puede agregar harina para que resulte más espeso. En tal caso se agrega a la grasa y se dora en la asadera por unos minutos antes de agregar el caldo.

Pato Asado

- Para asar un pato cocinar al horno de 45 minutos a 1¼ horas. Un pato pichón llevará unos 30 a 40 minutos. Luego se rellena el pato con la siguiente receta:

Relleno para Pato:

2 cebollas grandes
2 cucharadas de mantequilla
1 cucharada de salvia picada
½ taza de pan rallado
Sal y pimienta

Cortar las cebollas. Ponerlas en una cacerola. Cubrir con agua fría y poner al fuego. Cuando esté a punto de hervir colar y dejar escurrir bien.

Después poner las cebollas en una sartén con la mantequilla y la salvia.

Freír hasta que la cebolla se dore bien y agregar entonces ½ taza de pan rallado con la sal y pimienta.

El pato se acompaña invariablemente con arvejas.

Se sirve con gravy y salsa de manzana.

Gravy:

Gravy es una salsa sabrosa hecha de los jugos de la carne que quedan en la asadera después de asar o freír.

Generalmente se quita cualquier exceso de grasa. Entonces se agrega un caldo o vino y se bate bien para incorporarlo a los jugos de cocción.

Se puede agregar harina para que resulte más espeso. En tal caso se agrega a la grasa y se dora en la asadera por unos minutos antes de agregar el caldo.

Salsa de manzana:

Pelar y sacar la parte dura del centro de una manzana grande y cocinar en suficiente agua para hacer una salsa.

Agregar:

Un trozo de cáscara de limón
2 clavos de olor
Un trozo de mantequilla
2 cucharadas de azúcar
Un poco de sal

Se puede agregar un poco de mostaza si se desea.

Servir la salsa caliente.

Ganso Asado

- Para asar un ganso grande cocinar al horno por 1½ a 2 horas. Debe recordarse que el ganso es desagradable, a la vez que malsano, si no está bien cocido.

- Rellenar el ganso con un relleno de salvia y cebolla:

Relleno:

2 cebollas grandes
2 cucharadas de mantequilla
1 cucharada de salvia picada
½ taza de pan rallado
Sal y pimienta

Cortar las cebollas. Ponerlas en una cacerola. Cubrir con

agua fría y poner al fuego. Cuando esté a punto de hervir colar y dejar escurrir bien.

Después poner las cebollas en una sartén con la mantequilla y la salvia.

Freír hasta que la cebolla se dore bien y agregar entonces ½ taza de pan rallado con la sal y pimienta.

Servir con salsa de manzana y decorar con berro.

Salsa de manzana:

Pelar y sacar la parte dura del centro de una manzana grande y cocinar en suficiente agua para hacer una salsa.

Agregar:

Un trozo de cáscara de limón
2 clavos de olor
Un trozo de mantequilla
2 cucharadas de azúcar
Un poco de sal
Se puede agregar un poco de mostaza si se desea.
Servir la salsa caliente

- Con los menudos del ganso se puede hacer un guisado o puede cocinarse para hacer gravy.

Gravy

Es una salsa sabrosa hecha de los jugos de la carne que quedan en la asadera después de freír o asar.

Generalmente se quita cualquier exceso de grasa. Entonces se agrega un caldo o vino y se bate bien para incorporarlo a los jugos de cocción.

Se puede agregar harina para que resulte más espeso. En tal caso se agrega a la grasa y se dora en la asadera por unos minutos antes de agregar el caldo.

Devilled Turkey Legs -
Patas de Pavo

Patas de pavo
Mostaza seca
Salsa inglesa Worcester
Sal y pimienta de cayena
Mantequilla

Hacer unos tajos en las patas y frotarlos bien con mostaza seca, la salsa inglesa Worcester (ver receta), la sal y la pimienta de cayena.

Freír en mantequilla.

Preparar entonces la siguiente salsa:

Un trozo pequeño de mantequilla
2 cucharaditas de mostaza

1 cucharada de postre de vinagre
1 cucharada de crema fresca
Sal y cayena

Derretir la mantequilla y agregar la mostaza, el vinagre, la crema, un poco de cayena y sal.

Poner esta preparación en un plato sobre una cacerola de agua hirviendo y cuando esté bien caliente, verter sobre las patas de pavo ya cocinadas.

Pollo al Curry

1 pollo de 1½ kilos
1/3 taza de mantequilla
2 cucharaditas de sal
1 cucharadita de vinagre
2 cebollas
1 cucharada de curry en polvo
Un poco de harina

Preparar el pollo limpiándolo bien y cortarlo en trozos.

Poner la mantequilla en una sartén caliente, agregar el pollo y cocinar por 10 minutos.

Agregar la cebolla cortada en rebanadas, el polvo curry, la sal, el vinagre y un poco de agua hirviendo.

Dejar cocinar lentamente hasta que el pollo esté tierno. Retirar entonces el pollo, colar el jugo y espesarlo con harina mezclada con un poco de agua fría.

Verter sobre el pollo y servirlo con arroz hervido.

Pollo Frito

Pollo
Crema fresca
Condimentos

Poner los trozos de pollo en una cacerola con 1½ tazas grandes de crema fresca.

Freír a fuego lento, hasta que esté dorado.

Condimentar y continuar la cocción lenta hasta que esté tierno, de 1½ a 2 horas.

Poner en una fuente y verter sobre el pollo el jugo de la cocción del pollo.

Agregar al mismo un ¼ taza de crema fresca justo antes de servir.

Servir con patatas y arvejas verdes.

Pollo Maryland

Un pollo cortado en trozos
Harina
Huevos
Pan rallado
1 taza de mantequilla derretida

Preparar un pollo, limpiándolo bien. Cortar en trozos y espolvorear con sal y pimienta.

Pasar por harina, después por huevo y después por pan rallado.

Colocar entonces en una asadera bien engrasada y poner al horno durante 30 minutos o hasta que esté tierno.

Después de los primeros 5 minutos, rociar a menudo con la mantequilla derretida.

Servir con salsa de crema y hongos (ver receta).
Acompañar con bananas (plátanos) fritos.

Bananas Fritas

6 bananas (plátanos) partidas
Sal y pimienta de cayena
Huevos
Harina

Pelar las bananas y partir por la mitad a lo largo.

Condimentar. Luego pasar por huevo batido y después

por harina.

Freír en grasa abundante hasta que estén dorados.

Servir con pollo Maryland, con costillas o filetes.

Soufflé de Pollo

2 tazas de pollo cocinado, picado
2 tazas de leche
1 cucharada de mantequilla
1 cucharada de harina
½ taza de pan rallado
3 huevos
½ cucharadita de sal
Un poco de perejil picado
Un poco de pimienta

Derretir en una cacerola la mantequilla. Agregar la harina y revolver hasta que esté suave.

Agregar la leche revolviendo hasta que hierva y luego el pan rallado y cocinar un minuto.

Retirar del fuego y agregar la sal, la pimienta, el perejil, el pollo y las yemas bien batidas.

Agregar las claras batidas a nieve y mezclar revolviendo muy suavemente.

Verter en un molde para horno y cocinar por 20 minutos en horno caliente.

Servir enseguida.

Hígado de Aves Salteados

2 o 3 rebanadas de panceta ahumada, cortadas y fritas
2 o 3 hígados de aves, cortados
8 hongos cortados
½ taza de crema
1 cucharadita colmada de harina
Sal y pimienta al gusto

Poner en una sartén o cacerola los hígados, la panceta y los hongos.

Sazonar y freír ligeramente.

Agregar, revolviendo, la harina y crema, hasta que quede bien unido y suave.

Servir sobre tostadas calientes, untadas con mantequilla.

Perdices

Una receta sabrosa

Perdices
Un trozo de tocino
Una hoja de laurel
Un poco de cebolla o ajo picado
Algunos granos de pimienta
4 cucharadas de aceite
Sal al gusto
Zanahorias y ajíes verdes, (opcional)

Después de limpiar las perdices atarlas y colocar en la cacerola.

Colocar trozos de tocino sobre la pechuga además de la hoja de laurel y un poco de cebolla o ajo.

Colocar algunos granos de pimienta dentro de cada perdiz.

Agregar el aceite y la sal.

Se deja cocer muy lentamente con la cacerola tapada.

Se pueden agregar zanahorias y ajíes verdes si se desea.

Se puede servir frío o caliente.

Perdices a la Cacerola

2 o 3 perdices
Cebollas picadas
4 zanahorias
2 puerros
2 nabos
2 tazas de caldo
1 taza de vino blanco
Sal y pimienta

Se limpian las aves. Se los condimenta con sal y pimienta.

Freír en mantequilla o aceite las cebollas, las zanahorias, los puerros y los nabos.

Cuando esta verdura esté un poco dorada, se agregan las perdices, el caldo y el vino.

Se cuece lentamente sobre fuego lento.

Perdices en Escabeche

2 perdices
2 zanahorias medianas
1 puerro (la parte blanca)
2 hojas de laurel
1 cucharadita de ajo
½ corazón de apio
½ taza de vino o ¼ taza de vinagre y ¼ taza de vino blanco
½ taza de aceite
1¼ tazas de agua
Orégano
Sal y pimienta al gusto
Aceite para freír

Lavar y secar bien las perdices y atarlas para que tengan bonita forma.

Poner aceite en una sartén y cuando esté caliente freír las perdices por todos los lados. Luego retirarlos y poner en una cacerola.

Cortar en tiritas muy finas el apio, los puerros y las zanahorias. Freír ligeramente, sin que tomen color, en el aceite que queda en la sartén.

Poner después en la cacerola las perdices y el resto de los ingredientes y dejar cocinar lentamente por 2 horas.

Servir bien frías, adornadas con aceitunas negras y rodajas de limón.

Perdices en Escabeche – II

1 taza de aceite de oliva
2 tazas de vinagre
2 hojas de laurel
2 cebollas cortadas en rebanadas
½ limón
1 zanahoria cortada
Salpimentar cuando esté casi cocinado

Poner todos los ingredientes en una cacerola con las aves. Cubrir y cocinar lentamente por 2 horas.

Cuando se haya enfriado, poner en frascos y tapar herméticamente.

Se mantiene bien durante varios meses.

Faisán Asado

Limpiar y preparar el ave como de costumbre. Quitar las garras y atar.

Cocinar al horno en grasa que se habrá calentado de antemano, de 40 a 50 minutos.

Acomodar sobre tostadas y servir con salsa de pan preparada de la siguiente manera:

Salsa de pan:

14 g de mantequilla
¼ litro de leche
42 g de pan rallado
200 g de crema fresca
1 cebolla
Sal y pimienta y nuez moscada a gusto

Poner la leche en una cacerola con la cebolla y los condimentos.

Dejar cocinar lentamente hasta que la cebolla esté tierna.

Colar encima del pan rallado y mantequilla.

Agregar la crema y servir bien caliente.

Rellenos

Relleno para Carne

84 g de pan rallado
1 cucharada de orégano picado
1 cucharada de perejil picado
56 g de grasa
1 huevo
La cáscara rallada de 1 limón
Sal y pimienta

Mezclar bien todos los ingredientes.

Un Relleno Exquisito

350 g de carnaza de ternera
115 g de carnaza de cerdo
La miga de un pan
½ cebolla pequeña, picada y dorada en aceite
2 huevos
½ lata pequeña de jamón del diablo
1 cucharadita de nuez moscada rallada
Sal y pimienta

Mezclar todos los ingredientes.

Este relleno es muy sabroso y se puede usar de mucha maneras.

Relleno para Aves

350 g de carnaza de ternera
115 g de carnaza de cerdo
La miga de un pan
½ cebolla pequeña, picada y dorada en aceite
2 huevos
½ lata pequeña de jamón del diablo
1 cucharadita de nuez moscada rallada
4 cucharadas de jamón cocido
4 cucharadas de castañas hervidas y pisadas
Sal y pimienta

Mezclar todos los ingredientes.

Un Buen Relleno para Aves

2 tazas de pan rallado
Un poco de chorizo sin piel
2 cucharadas de perejil picado
El hígado del ave
1 taza de castañas asadas
Un poquito de apio picado
1 cebolla
1 cucharada de mantequilla
Caldo para unir o jerez
Sal y pimienta

Freír en mantequilla el hígado picado, la cebolla y el chorizo.

Cuando tome un poco de color, agregar el resto de los ingredientes y cocinar por unos minutos.

Rellenar el ave con esta preparación.

Relleno para Pato

2 cebollas grandes
2 cucharadas de mantequilla
1 cucharada de salvia picada
½ taza de pan rallado
Sal y pimienta

Cortar las cebollas. Ponerlas en una cacerola.

Cubrir con agua fría y poner al fuego.

Cuando esté a punto de hervir colar y dejar escurrir bien.

Después poner las cebollas en una sartén con la mantequilla y la salvia.

Freír hasta que la cebolla se dore bien y agregar entonces ½ taza de pan rallado con la sal y pimienta.

Relleno para Ganso

2 cebollas grandes
2 cucharadas de mantequilla
1 cucharada de salvia picada
½ taza de pan rallado
Sal y pimienta

Cortar las cebollas. Ponerlas en una cacerola.

Cubrir con agua fría y poner al fuego.

Cuando esté a punto de hervir colar y dejar escurrir bien.

Después poner las cebollas en una sartén con la mantequilla y la salvia.

Freír hasta que la cebolla se dore bien y agregar entonces ½ taza de pan rallado con la sal y pimienta.

Verduras Rellenas

Ajíes Rellenos con Carne

6 ajíes grandes preferiblemente redondos
Un poco de aceite o mantequilla

Lavar y secar los ajíes. Partir por la mitad y sacarles las semillas. Rellenar.

Para el relleno:

350 g de carnaza de ternera
115 g de carnaza de cerdo
La miga de un pan
½ cebolla pequeña, picada y dorada en aceite
2 huevos
½ lata pequeña de jamón del diablo
1 cucharadita de nuez moscada rallada
Sal y pimienta

Mezclar todos los ingredientes.

Poner los ajíes en una asadera con un poco de aceite o mantequilla sobre cada ají.

Cocinar en horno moderado de 45 minutos a 1 hora.

Esta receta también se puede emplear para tomates y zapallitos.

Repollo Relleno

1 repollo verde y grande
Caldo
Mantequilla

Sancochar el repollo ligeramente en una cacerola de agua hirviendo. Luego retirar, escurrir y abrir las hojas cuidando de no romperlas.

Preparar un relleno con los siguientes ingredientes:

Un hígado grande
Un poco de migas de pan remojadas y exprimidas
Un poco de jamón
Un poco de carne picada cruda o cocida
4 huevos duros
Sal y pimienta

Mezclar bien todos los ingredientes. Luego poner un poco de este relleno en cada hoja y atar el repollo bien.

Freír con mantequilla en una cacerola grande. Cubrirlo después con caldo y dejarlo hervir por 2 horas.

Agregar, entonces, unas zanahorias y patatas y dejar hervir por otra hora más.

.

Gelatinas

Gelatina para Áspic

- La gelatina es muy útil para decorar platos fríos de aves, carnes etc. La gelatina debe ser firme y tener buen color. Se emplea

28 g de gelatina por cada ½ litro de caldo claro

- Agregar un poco de jugo de limón (1 cucharadita por cada 125 ml).

- Calentar el caldo en una cacerola, que con preferencia se habrá frotado con un diente de ajo.

- Para darle un color amarillo claro, agregarle un poco de extracto de carne. Para darle un color rojo, agregar unas gotas de cochinilla.

- Esta clase de gelatina puede ponerse en un molde en forma de anillo o en un molde redondo con uno más pequeño en el centro.

- Al desmoldarlo, puede rellenarse en el centro con una mayonesa o algún embutido.

- Para clarificar el caldo machacar las cáscaras de huevos y hervir muy lentamente en el caldo con algunas claras de huevo por 15 minutos. Después colar.

Áspic de Pollo

1 pollo
1 cucharada de postre de gelatina
Sal y pimienta
Una pizca de azúcar
Agua

Limpiar el pollo (guardar los menudos para una sopa).

Cocinar en una cacerola al baño María de 1 a 2 horas.

Agregarle agua de vez en cuando, de manera que cuando el pollo esté cocinado quede de ¾ a 1 taza de agua.

Disolver la gelatina en ½ taza de agua.

Cortar el pollo en trozos muy pequeños y volver a poner en el caldo. Agregar la gelatina colada.

Revolver sobre fuego suave, sazonar y poner en un molde y dejar enfriar.

Galantina

La galantina es un plato francés compuesto por carne deshuesada rellena, comúnmente, de ave o pescado, que se cuece a fuego lento y se sirve fría y cubierta con áspic.

½ kilo de carnaza de cuadril
115 g de tocino
170 g de pan rallado
2 huevos
1 taza de caldo o gravy (salsa de carne)
1 cucharadita de hierbas secas
1 cucharada de postre de perejil picado, pimienta y sal

Picar la carne. Agregar el pan rallado y condimentos.

Agregar los huevos batidos con el caldo. Revolver y mezclar bien.

Ponerlo en una servilleta y darle forma de rollo. Atar firmemente las puntas.

Poner en una cacerola con agua y hervir lentamente por 2 horas.

Retirar y sin desenvolverlo, ponerlo en una fuente con un peso encima y dejarla así hasta que esté frío.

Preparar entonces el siguiente glasé:

2 cucharaditas de extracto de carne
14 g de gelatina
¼ litro de agua

Poner estos ingredientes en una cacerola al fuego y revolver hasta que se disuelva la gelatina.

Quitar la espuma y hacer hervir hasta que se reduzca a la mitad y se ponga espeso.

Pintar la galantina con esta preparación.

Gravy:

Es una salsa sabrosa hecha de los jugos de la carne que quedan en la asadera después de asar o freír. Generalmente se quita cualquier exceso de grasa. Entonces se agrega un caldo o vino y se bate bien para incorporarlo a los jugos de cocción. Se puede agregar harina para que resulte más espeso. En tal caso se agrega a la grasa y se dora en la asadera por unos minutos antes de agregar el caldo.

Gelatina de Ternera

1 hueso de ternera de la coyuntura de la pata, cortado en trozos
2 litros de agua fría
1 cebolla
1 hoja de laurel
Unos clavos de olor
1 taza de vinagre
Sal y pimienta al gusto

Poner en una cacerola el hueso de ternera.

Cubrir con el agua fría. Hervir lentamente por 2 horas.

Agregar el resto de los ingredientes y dejar hervir muy lentamente por una hora más.

Retirar el hueso, separar la carne y ponerla en un bol.

Hervir el líquido hasta que se reduzca a una tercera parte.

Agregar el vinagre y un poco de sal.

Verter sobre la carne y dejar reposar hasta el día siguiente antes de servir.

Gelatina de Cabeza de Carnero

La receta es suficiente para 7 a 8 personas.

1 cabeza de carnero
Sal, pimienta y nuez moscada

Toma la cabeza de carnero. Quitar los ojos. Cortar la cabeza por la mitad o en más trozos, evitando astillar los huesos. Quitar los sesos y la lengua ya que no se usarán.

Lavar la cabeza bien y ponerla en una cacerola con sal y suficiente agua fría para cubrirla bien.

Hervir lentamente por 2 horas o hasta que la carne se pueda separar fácilmente de los huesos.

Cortar entonces, la carne en trozos del tamaño de un dedal y sazonar bien con los condimentos.

Volver a poner la carne en una cacerola con un poco del caldo en que se ha cocinado.

Calentar bien y verter en un molde mojado.

Dejar reposar hasta el día siguiente para que se forme o enfriar en la nevera.

Tartas

Una Receta para Masa de Hojaldre

110 g de harina fina
1 yema
Un poco de agua helada
Unas gotas de limón
110 g de mantequilla

Hacer un hueco en el centro de la harina.

Mezclar en una taza ½ yema de huevo sin batir con el agua y el limón.

Verter en el centro de la harina y unir con un cuchillo, agregar un poco de agua para dar a la masa la consistencia necesaria.

Amasar ligeramente con los dedos, poner la masa en una tabla enharinada, espolvorear por encima con harina y estirarla dándole ½ cm de grosor.

Poner en un repasador limpio, 110 g de mantequilla. Cubrirla y aplastarla, golpeando ligeramente hasta que tenga la mitad del tamaño de la masa.

Colocar la mantequilla en la masa, doblarla y apretar ligeramente los bordes.

Estirar cuidadosamente una vez, doblar en tres para adentro, dar vuelta la masa con los bordes abiertos para adentro, estirar y doblar nuevamente en tres.

Dejar descansar por 15 minutos en un sitio fresco.

Repetir esta operación otras dos veces, pintando

ligeramente la masa, cada vez con jugo de limón.

Si se desea usar la masa para vol-au-vent, estirar la masa dejándola de ¾ cm de grueso.

Cortar en círculos y sacar de la mitad un pequeño centro.

Colocar los círculos perforados sobre los enteros, pintándolos por el medio con un poco de huevo batido. Los centros se cocinan aparte y se vuelven a colocar una vez rellenos los vol-au-vent.

Rellenar con ostras, pollo, dulces, etc.

Una Receta para Masa Shortcrust

La masa denominada en inglés shortcrust se conoce como masa quebrada. Es una masa muy versátil y deliciosa tanto para usar en tartas saladas como dulces.

2 tazas de harina cernida
1 taza de grasa de riñonada o grasa de cerdo
1 cucharadita colmada de polvo de hornear, cernido con la harina
Una pizca de sal

Unir la grasa con la harina.

Mezclar con ½ cucharada de agua o un poquito más si fuera necesario, para hacer una masa seca.

Unir con un cuchillo trabajándola lo menos posible.

Estirar y manipular con cuidado.

Steak and Kidney Pie
Tarta de Carne y Riñones

250 g de carnaza (o lomo o vacío, sin la piel y la grasa)
2 riñones de carnero
Mantequilla
Caldo o agua
1 cucharadita de perejil picado
1 cucharadita de salpimentar1 cucharadita de pimienta negra
1 cebolla pequeña bien picada (opcional)
Algunos hongos (opcional)

Cortar la carne en trozos de unos 2 x 4 cms.

Calentar en una sartén caliente un trozo pequeño de mantequilla o grasa y dorar la carne. La sartén debe estar muy caliente y la mantequilla debe ser muy poca porque la carne debe dorarse por fuera muy rápidamente, en unos segundos.

Poner la carne en un molde para pastel.

Verter en la sartén un poco de caldo o agua y hacer una salsa suficiente para cubrir la carne.

(Después de freír la carne un poco del jugo de la carne habrá quedado, aunque esté algo endurecido. Ese extracto de la carne no se debe tirar). Raspar con una cuchara para sacar el jugo de la carne que quede pegado. Verter esta salsa sobre la carne en el molde.

Agregar el perejil, la sal y la pimienta (un pastel de carne precisa bastante pimienta), y una cebollita si le gusta. También se puede agregar unos hongos se desea.

Cubrir con masa de hojaldre o masa shortcrust y cocinar en un horno caliente al principio por 1½ horas aproximadamente.

Se reduce la temperatura después de 30 minutos.

Si se desea servir el pastel frío, o para un picnic, disuelva un poco de gelatina en el líquido que se vierte sobre la carne antes de cocinar el pastel.

Budín de Carne y Riñón

½ kilo de carnaza
1 riñón
Masa shortcrust (ver receta)
Sal y pimienta al gusto

Forrar una budinera para postres con la masa.

Cortar la carne y el riñón en trozos pequeños. Pasar por harina y colocar alternativamente en la budinera.

Agregar la sal y la pimienta y llenar de agua y cubrir con la masa.

Cubrir con un papel manteca, después con una servilleta y atar firmemente.

Poner la budinera en una cacerola de agua hirviendo y cocinar bien tapado por 3 horas al baño María.

Budín de Carne al Horno

500 g carnaza de cuadril
110 g de grasa o grasa de riñonada picada
1 huevo
1 cucharadita de polvo de hornear
Sal y pimienta
Un poco de leche

Unir la harina y grasa.

Agregar después el huevo batido, la sal, el polvo de hornear y suficiente leche para hacer una masa consistente.

Cortar la carne en trozos, envolver en harina, poner en un molde para pastel, agregar la sal y pimienta. Cubrir bien con agua.

Poner encima la masa y cocinar por 30 minutos en horno caliente, después disminuir la temperatura del horno y dejar cocinar otros 30 minutos.

Tarta de Perdices o Paloma

*Masa de hojaldre
Una docena de aceitunas deshuesadas
Perdices o paloma
Mantequilla del tamaño de un huevo
3 rebanadas de cerdo salado o panceta cortada en dados
1 cucharada de harina
½ taza de caldo
½ taza vino blanco
Un ramito de hierbas compuestas
Algunas cebollas fritas*

Poner en una cacerola el trozo de mantequilla.

Cuando esté caliente, dorar las perdices y poner en la cacerola las rebanadas de cerdo salado o panceta.

Agregar la harina y dejar cocinar un momento.

Luego añadir el caldo, el vino, las hierbas y la cebolla.

Cocinar lentamente unos minutos.

Poner las perdices otra vez en la cacerola y dejar cocinar a fuego lento por una hora.

Agregar las aceitunas.

Cubrir el pastel con masa de hojaldre y cocinar al horno.

Braised Pie – Tarta Braised

Esta tarta emplea el método de braising que sería un estofado al horno y se cocina muy lentamente.

El Relleno:

500 g de carnaza de cerdo o ternera picada
1 rebanada gruesa de panceta ahumada
500 g de chorizo sin la piel
3 huevos duros
¼ litro de caldo
1 cucharadita de salvia seca en polvo
Un poco de ralladura de cáscara de limón
28 g de gelatina
Sal y pimienta al gusto

La Masa:

½ taza de grasa de cerdo
1½ tazas de harina
¼ taza de agua hirviendo
1 cucharadita de sal
1/2 cucharadita de polvo de hornear

Hervir el agua con sal y grasa. Agregar la harina, revolviendo bien.

Cortar la cuarta parte de la masa, aplastar el resto con la palma de la mano, acomodarla en un molde engrasado, apretando hacia los costados.

Rellenar con el chorizo, la carne, el huevo y el caldo.

Estirar el resto de la masa para la cobertura. Pintar con

huevo batido y hacer un agujero en el centro.

Cocinar 3 horas en horno caliente al principio y atenuar después la temperatura del horno.

Disolver la gelatina en una taza de buen caldo y verter en el pastel a través del agujero que se ha hecho en el centro.

Servir frío.

Otro método:

Agregar agua hirviendo a la grasa y batir hasta que esté cremoso.

Cernir la harina, sal y polvo de hornear y mezclar bien.

Poner la masa en una nevera. Se deja enfriar hasta que quede firme.

Empanadas a la Criolla

Esta receta hace unas 18 empanadas.

El Relleno:

500 g de carnaza de ternera picada
½ taza de grasa de riñonada
4 cebollas verdes picadas
3 tomates sin semillas
3 cucharadas de caldo
1 pizca de nuez moscada
½ cucharadita de ají molido
3 huevos duros, cortados en trocitos pequeños
¼ taza de pasas sin semillas pasadas por agua hirviendo
15 aceitunas verdes deshuesadas y cortadas finamente
1 cebolla picada
1 ají verde picado
1 hoja de laurel
¼ cucharadita de orégano
½ cucharadita de sal
¼ cucharadita de pimienta
¼ cucharadita de canela
¼ cucharadita de comino

Poner la grasa en una cacerola al fuego y cuando esté caliente, echar la cebolla y el ají.

Cuando comienzan a dorarse echar los tomates, el caldo, el laurel, el orégano, la nuez moscada, la sal, la pimienta y el ají molido.

Dejar cocinar a calor suave durante 30 minutos más.

Poner la carne aparte en un recipiente, cubrir con agua hirviendo, revolverla con un tenedor y después colarla.

Cuando la salsa esté preparada, retirarla del fuego y agregar la carne y el comino.

Extender esta preparación en una fuente y dejarla enfriar. Poner por encima los huevos duros, aceitunas y las pasas.

La Masa:

4 tazas de harina
2½ cucharaditas de sal
1 yema
3 cucharaditas de polvo de hornear
¾ taza grasa derretida
1 taza aproximada de agua fría

Cernir la harina, la sal y el polvo de hornear.

Ahora poner esta mezcla sobre la mesa haciendo un hueco en el centro en el que se pone la grasa, la yema y el agua.

Mezclar todos los ingredientes bien con un tenedor.

Se soba la masa hasta que esté bien lisa y se estira dejándola fina (2 mms).

Se corta en círculos del tamaño de un plato de té y se pone en el centro de cada uno, una cucharada bien colmada de relleno.

Pintar los bordes con agua y cerrar las empanadas haciéndoles un repulgo.

Freír las empanadas en abundante grasa caliente, (la que deberá estar tibia cuando se echan las empanadas, aumentando el calor a medida que se van cocinando).

Esta operación se repite con cada una.

Se sirven calientes.

Empanadas al Horno

Menudos
Cebollas
Ají molido
Pimentón dulce
1 cucharada de harina

Picar unos menudos crudos y otros tanto de cebolla.

Freír la cebolla con bastante ají molido y un poco de pimentón dulce.

Cuando la cebolla empieza a dorarse, agregar los menudos y dejar cocinar.

Espese con la harina.

La Masa:

250 g de harina
125 g de grasa de cerdo

Para unir, mezclar los ingredientes con agua salada e hirviendo. Si se prefiere, puede usar yemas y vino para unir la masa.

Estirar la masa muy fina y cortar en cuadrados.

Rellenar y formar triángulos.

Colocar sobre bandeja para horno engrasada.

Cocinar al horno moderado.

Arrolladitos de Salchichas

Salchichas
Masa de hojaldre
Clara de huevo

Hacer una masa de hojaldre (ver receta) y estirarla dejándola de ½ cm de grueso.

Cortarla en cuadrados del tamaño necesario para envolver las salchichas ya cocidas.

Acomodar los arrolladitos sobre una rejilla de alambre en una asadera para que recoja la grasa que sale al cocinarse.

Pintar con clara de huevo y cocinar en horno más bien caliente.

Se pueden freír los arrolladitos de salchicha en abundante grasa hirviendo en lugar de cocinar al horno si lo prefiere.

Salsas

Para Dar Color a Salsas y Sopas

- Poner a hervir 2 cucharadas de achicoria bien oscura en 2 tazas de agua fría.

- Dejar hervir durante 15 minutos. Colar cuidadosamente y embotellar.

Gravy – Salsa Dorada de Carne

Los jugos de la carne
2 cucharadas de grasa líquida de la carne
Un poco de vino (opcional)
30 g de harina
570 g caldo

Juntar los jugos y la grasa de la carne que estás asando y colocar en una jarra de vidrio.

Deja durante unos minutos para que suba la grasa y se puede quitar.

Poner la asadera que se usó para cocinar la carne sobre fuego medio y agregar la grasa. (Mantener la carne a un lado, cubierta).

Agregar la harina y cocina durante 1 minuto.

Luego añadir los jugos de la carne y a continuación agregar gradualmente el caldo hasta obtener una salsa cremosa.

Usar una cuchara de madera y revolver por toda la superficie de la asadera para incorporar cualquier jugo de carne que se haya quedado pegado.

Hervir a bajo fuego durante 10 minutos.

Sazonar al gusto.

Salsa de Tuco para las Pastas

500 g carne picada, chorizo o menudos de aves
2 cebollas
3 dientes de ajo
1 ají
3 tomates o conserva de tomate
1 ramo compuesto de perejil, orégano, tomillo y laurel

Se doran todos los ingredientes y una vez que se agrega los tomates o la conserva, hervir una hora aproximadamente.

Mantequilla a la Maître d'Hôtel

Mantequilla
Jugo de limón
Perejil picado
Sal al gusto

Poner la mantequilla en una taza y batir hasta que se ablande.

Agregar el jugo de limón, sal y perejil picado y seguir batiendo hasta que esté bien cremosa.

Salsa Blanca

2 cucharadas de harina
2 cucharadas de mantequilla
2 tazas de leche
Sal y pimienta al gusto

Derretir la mantequilla y agregar la harina revolviendo hasta que no tenga grumos.

Retirar del fuego y agregar gradualmente la leche.

Hervir unos minutos a fuego lento y servir.

Salsa de Menta

Un puñado de menta
Una pizca de sal
4 cucharadas de agua hirviendo
4 cucharadas de vinagre de vino blanco
1 cucharada de azúcar

Separar las hojas de menta del tallo.

Espolvorear con sal y picar finamente.

Colocar dentro de una pequeña jarra.

Agregar el azúcar y verter encima el agua hirviendo. Revolver y dejar que se enfríe.

Agregar el vinagre y revolver.

Ahora se debe probar. Agrega más agua o vinagre o condimentos según el gusto.

Salsa de Queso

25 g harina
25 g mantequilla
600 ml leche
¼ cucharita de nuez moscada (opcional)
80 g de queso rallado (como por ejemplo queso curado, Cheddar, Gouda, Gruyere)

Derretir la mantequilla en una cacerola.

Agregar la harina y cocinar por 1 o 2 minutos.

Quitar la cacerola del fuego y agregar gradualmente la leche hasta que llegue a ser cremoso.

Volver a poner la cacerola sobre el fuego hasta que hierva, revolviendo todo el tiempo.

Reducir el fuego y dejar hervir lentamente por 8 a 10 minutos. Sazonar.

Agregar el queso y dejar que se derrite.

No cocinar nuevamente.

Salsa de Hongos

Hongos
Gravy – salsa de carne

Pelar unos hongos, cortarlos en trozos y hacerlos hervir en un buena gravy (ver receta).

Deben agregarse bastantes hongos para que la salsa quede espesa.

Salsa Blanca de Hongos

Pelar unos hongos, cortarlos en trozos y hacerlos hervir en una salsa blanca ligera.

Salsa Blanca:

2 cucharadas de harina
2 cucharadas de mantequilla
2 tazas de leche
Sal y pimienta al gusto

Derretir la mantequilla y agregar la harina revolviendo hasta que no tenga grumos.

Retirar del fuego y agregar gradualmente la leche.

Hervir unos minutos a fuego lento y servir.

Salsa de Huevo

1 taza de salsa blanca
1 cucharada de perejil
2 huevos duros picados
1 cucharadita de vinagre o jugo de limón
3 cucharadas de crema fresca
Sal y pimienta al gusto
Una pizca de nuez moscada y cayena

Colocar la salsa blanca en un bol.

Agregar los condimentos y mezclar.

Añadir el resto de los ingredientes y mezclar bien.

Poner en una cacerola sobre fuego lento hasta que se caliente, sin dejar de revolver.

Salsa de Manzana

Pelar y sacar la parte dura del centro de una manzana grande y cocinar en suficiente agua para hacer una salsa.

Agregar:

Un trozo de cáscara de limón
2 clavos de olor
Un trozo de mantequilla
2 cucharadas de azúcar
Un poco de sal

Se puede agregar un poco de mostaza si se desea.

Servir la salsa caliente.

Salsa de Pan

1 taza grande de pan blanco rallado (es preferible que sea lactal)
1 ½ tazas grandes de leche
1 cebolla chica
2 clavos de olor
Un poco de pimienta, sal y pimienta de cayena

Hervir la cebolla y clavos en la leche hasta que la cebolla esté tierna. Luego retirar los clavos y la cebolla.

Agregar el pan rallado, sal y pimienta y revolver bien.

Agregar un trozo de mantequilla y volver a calentar.

Otra Receta:

14 g de mantequilla
¼ litro de leche
42 g de pan rallado
200 g de crema fresca
1 cebolla
Sal y pimienta y nuez moscada a gusto

Poner la leche en una cacerola con la cebolla y los condimentos.

Dejar cocinar lentamente hasta que la cebolla esté tierna.

Colar encima del pan rallado y mantequilla. Agregar la crema y servir bien caliente.

Salsa de Rábano

15 g de rábanos frescos
2 cucharadas de agua caliente
1 cucharada de vinagre de vino blanco
Una pizca de azúcar
Una pizca de mostaza en polvo
Sal y pimienta al gusto
150 ml crema fresca

Pelar los rábanos y rallarlos. Poner en remojo a los rábanos en el agua caliente. (También se pueden triturar en la licuadora).

Luego colar los rábanos y agregar los demás ingredientes y mezclar.

Salsa Tipo Worcestershire

4 cucharadas azúcar morena
6 cucharadas pasas
1 cucharada jengibre molido
1 taza de manzana picada
1 cucharadita de cayena
25 clavos de olor atados en una bolsita
1 cucharada sal
1 cucharada mostaza
1 cucharada de ajo
10 tazas de vinagre de malta
1 taza melaza negra

Hervir todo junto por ½ hora aproximadamente.

Colar y embotellar

Estimado Lector

Nos interesa mucho tus comentarios y opiniones sobre esta obra. Por favor ayúdanos comentando sobre este libro. Puedes hacerlo dejando una reseña en la tienda donde lo has adquirido.

Puedes también escribirnos por correo electrónico a la dirección info@editorialimagen.com

Si deseas más libros como éste puedes visitar el sitio de **Editorialimagen.com** para ver los nuevos títulos disponibles y aprovechar los descuentos y precios especiales que publicamos cada semana.

Allí mismo puedes contactarnos directamente si tienes dudas, preguntas o cualquier sugerencia. ¡Esperamos saber de ti!

Más Libros de Interés

Las Más Fáciles Recetas de Postres Caseros

Esta selección contiene recetas prácticas que, paso a paso, enseñan a preparar los postres, marcando el tiempo que se empleará, el coste económico, las raciones y los ingredientes.

Recetas Mexicanas Tradicionales

- Descubre las mejores recetas de cocina mexicana

Deliciosas recetas mexicanas de: carnes, pescados y mariscos, arroz, sopas, verduras, salsas, entradas, tortillas, ensaladas, postres, y dulces bebidas.

Cupcakes, Galletas y Dulces Caseros: Las mejores recetas inglesas para toda ocasión

En este libro de recetas te ofrezco cerca de 100 de las más populares recetas inglesas con las cuales podrás sorprender a tu familia o tus invitados, ofreciendo un detalle sabroso que seguro apreciarán.

Recetas Vegetarianas Fáciles y Baratas - Más de 100 recetas vegetarianas saludables y exquisitas

Si buscabas recetas de cocina vegetariana este libro de recetas veganas es para ti. El mismo es un recetario- que contiene una selección de recetas vegetarianas saludables y fáciles de preparar en poco tiempo. Este recetario incluye más de 100 recetas para toda ocasión, y contiene una serie de platos sin carnes ni pescados, con una variedad de recetas de Verduras, Huevos, Queso, Arroz, Ensaladas.

Recetario de Tortas con sabor inglés

Si buscabas recetas de cocina británica este libro es para ti. El mismo contiene una selección de recetas de tortas con sabor inglés. Este recetario incluye 80 recetas para toda ocasión, las cuales van desde lo más sencillo hasta lo más especial, como por ejemplo, una boda.

Recetas de Pescado y Salsas con sabor inglés

Recetas populares y a la vez muy fáciles, de la cocina británica. El recetario presenta diferentes maneras de cocinar el pescado, como así también tartas de pescado y salsas para acompañar el pescado.

Recetas de Sopas con sabor inglés

La sopa es un plato saturado de proteínas y nutrientes, es muy fácil de elaborar y además, apetece a cualquier hora del día. En la dieta inglesa la sopa es muy importante.

Este recetario ofrece una variedad de recetas populares y deliciosas de la cocina británica.

Dieta Paleo - Descubre cómo bajar de peso, alcanzar salud y bienestar óptimo para siempre

Editorial Imagen se complace en presentar este libro sobre la tan famosa y renombrada Dieta Paleolítica. El mismo no pretende ser otro libro más que presente la teoría de la dieta, sino al contrario, pretende ayudar al lector a experimentar por sí mismo los grandes beneficios de la misma.

www.ingramcontent.com/pod-product-compliance
Lightning Source LLC
LaVergne TN
LVHW011709060526
838200LV00051B/2820